AF191962

PÉLI GÁBOR

novum pro

www.novumpublishing.hu

© 2021 novum publishing

ISBN 978-3-99107-327-7
Lektor: Sósné Karácsonyi Mária
Borítókép:
Bojanvuksa | Dreamstime.com
Borító, tördelés & nyomda:
novum publishing

www.novumpublishing.hu

Tartalom

Pont úgy

Amikor semmibe nézel,
Ahogyan hirdeted igédet,
Ne lepődj meg azon
Ha te pont ugyanúgy kapod.

Amikor villámot szór szemed,
Elhiszed, senki sem szeret,
Amikor szakad rád az eső,
Ha te kapod először, meg ne lepődj.

Amikor melledet döngeted,
Újra és újra játszod Istent,
Ha eltorzul közben az arcom,
Ne csodálkozz, ha pont úgy kapod.

Amikor neked szar minden,
Nehogy más picit nevessen.
Amikor magadból kiábrándulsz,
Pont azt kapod, ami neked jut.

Nem tudják

A világ nem tudja, létezel.
Viszlek magammal szívemen,
Egy apró, titkolt üzenet,
Palackba zárva a tengeren.

Egy sóhaj feléd száll,
Mindegy, merre és hol jársz.
Tudod a gondolataim,
Hangok nélkül érnek szavaim.

Nem súgok neked semmit,
Megyek, merre a lélek visz.
Ki tudja, az út hol ér véget,
Én akármeddig ott várlak téged.

Bármerre nézek, erdők, hegyek.
Ide születtem, én itt élek.
Egy fába vésett utolsó üzenet,
Feléd kiáltok, csak ne késs el.

Hagyj élni!

Szia, Anya! Hallod a hangomat?
Itt vagyok a szíved alatt.
Még nem találom helyem,
Remélem, te majd vezetsz,
Anya! Várom, hogy lássalak,
Karjaidban majd elaludjak.
Ugye esténként majd mesélsz nekem,
Veled álomra hajtsam fejem.

Anya! Ugye sok kalandunk lesz,
A világban bármerre elviszel?
Oly lassan telik az idő itt benn,
Csak körbe-körbe forgok egyhelyben.

Anya! Ugye te is boldogan várod,
Karjaidban velem találkozz?
Kérlek, nagyon vigyázz rám,
Hogy később én vigyázhassak rád.

Anya! Merre vagy? Félek
Idebenn, a könnyeid érzem.
Hirtelen hűvös lett itt minden,
Menekülnék, de kiút nincsen.

Anya! Miért nem válaszolsz?
Valami idegen ért lábamhoz,
Egy halott sóhajtás szökik fel.
Anya! Hol vagy? Nekem élnem kell!

Anya! Ne hagyd, késő legyen,
Ne engedj be a sötétbe!
Anya! Hiába kiáltok én feléd?
Már csak a hideg érintés.

Tudnod kell, anya, visszajövök;
Egy seb leszek a szíved fölött.
Lelkedbe vésve egyetlen felirat:
Csak az a bűne, hogy élni akart.

Ellopott pillanat

Nem mondhatom el senkinek,
Titkaim őrzöm idebenn.
Néhány ellopott pillanat,
Ami örökre rejtve marad.

Mindent megőrzök itt benn,
Sose tűnnek az emlékek.
Az az ellopott pillanat itt marad,
Felhőkön át szárnyal.

Amikor becsukom a szemem,
Újra átélem a mindent.
Pillanat, mely ellopva marad,
A világ sosem tudhatja.

A busz ablakát bámulva.
Könnycsepp arcomon száguldva.
Sose tűnjön el az a pillanat,
Mely szívemben ellopva maradt.

Amikor nem figyelsz

Amikor nem figyelsz,
Célba ér egy üzenet.
Nincs eleje, nincs vége,
Csak úgy elkap téged.

Ne kérdezd, hogy miért,
Csak figyeld, hova visz a szél.
Engedd, hogy vigyen téged,
Hidd el, ez az, ami éltet!

Egy váratlan pillanat,
De örökre nyomot hagy.
Veled írja tovább a könyvet,
Neked tartogat pár könnyet.

Titokban talán vártad
Az ablakon kibámulva,
De sosem tudhattad, mikor,
Érted eljöhet bármikor.

Talán mikor nem figyelsz,
Szívedbe íródik az üzenet,
Minden lapja egy új fejezet,
De sosincs vége a könyvnek.

Itt járt Brooks

Gyere, nézd meg, itt élek,
Ez nekem az örök végzet.
A falakat belülről ismerem,
Minden reggel köszöntenek.

Nem mertem még lépni innen,
Ez egy biztonságos hely.
Tudom, mit hol találok,
Minek keressek más világot?

Nem érdekel a rácson kívül,
Bilincsek lelkem körül,
Nekem itt jó, így maradok,
Csak pihenni hagyjatok.

Félek oda kisétálni,
Félek idegennel összefutni,
Félek újra bevésni a falba
„Itt járt Brooks, a remény rabja".

Néha csak véget ér

Van, amikor túl sok.
Előttem csak gondolatok,
Lassan bele is fulladok,
Csak pihenni hagyjatok!

Messze elfutnék magam elől,
Mikor a sok gond legyőz,
Kiülni egy szikla tetejére,
Távolba nézni a naplementére.

Van, hogy rendben minden,
Pont úgy haladnak a percek,
Biztosnak látom a holnapot,
Felhők felett szárnyalok.

Van, mikor nem történik semmi,
Csak íródnak a könyv lapjai.
Amikor elhiszem, minden szép,
Van, hogy a nap csak úgy véget ér.

Nem vagyok szent

Nyugodtan feszíts keresztre,
A legnagyobbra, ott középen.
Gyere, köpd le az arcom,
A töviskoszorút hiányolom.

De itt nincs harmadnap feltámadás,
Ez nem egy újabb ráadás,
Nekem ennyi az élet: padlón a gáz,
Nem vagyok szent, nem lesz változás.

Vannak hibák, ezt vállalom,
A súlyokat cipelem a vállamon.
Lehet, nem tetszik, ahogy mondom,
De ez már nem az én gondom.

Nem összekulcsolt kézzel, térdelve,
Emelt fővel, egyenesen előre,
Néha egyedül, lenn a mélyben,
Mindig látom, hol az út vége.

Persze sok mindent újrakezdenék,
De akkor belül változna az én.
Csak rajtam áll, merre tovább:
Velem jössz, vagy félreállsz.

Hidd el, nem vagyok szent,
Nem kell glória fejemre,
Én a hibáimat elfogadtam,
Ahogy élek, nekem a világ szabad.

Lehetsz

Lehetsz te az egyetlen,
Lehetsz másnak kegyetlen,
Lehetsz te a boldogság,
Lehetsz te, aki sírt ás.

Lehetsz te a mosoly,
Lehetsz te, aki minden ront,
Lehetsz te egy fénykép,
Lehetsz egy rossz emlék.

Lehetsz mindig egymagad,
Lehetsz, aki sose szabad.
Lehetsz egy fényes ékszer,
Lehetsz egy önző kényszer.

Lehetsz fenn az égen,
Lehetsz lenn a mélyben,
Lehetsz, aki sose kér,
Lehetsz, aki adni fél.

Lehetsz egy örök emlék,
Lehetsz kidobott festmény,
Lehetsz te a megoldás,
Lehetsz, aki senkit se vár.

Lehetsz te a végtelen,
Lehetsz mindig féktelen,
Lehetsz te magad az idő,
Lehetsz a fekete felhő.

Lehetsz mindig szabad,
Lehetsz, aki önként ad,
Lehetsz te a legszebb mondat,
Lehetsz az utolsó oldal.

Lehetsz csillag az égen,
Lehetsz maga az élet,
Lehetsz, aki szeretnél,
Rajtad áll, mi a cél.

Sorvadj el!

Ez nem Tibi bácsi, meg a kibaszott pöttyös labda,
Ne lepődj, ha a másikat nem a fal adja.
Húzogasd a farkad előre meg hátra,
Sorvadj el! Hidd el, ezt senki se bánja.

Persze, röhögj csak a képembe nyugodtan,
De sosem leszel, csak árnyék a nyomomban.
Te két lépés után a sorvadást választanád,
Minthogy velem a harcban meghalnál.

Nyugalom, meghozom a döntést helyetted,
Egy tompa késsel vágom az ereid fel.
Hallani akarom, hogy valami igazért kiabálsz,
Ne csak a hamis legyen, amiért imádkoznál.

Persze otthon a fotel melegítse fel segged,
Az ablak mögül ordítva üzensz a népnek
Mindenki szánalmasnak tekint már téged,
Sorvadj el, neked nincs már más végzet.

Véget ér

Sosem tudhatod, meddig tart,
A játékból mikor szólítanak.
Mikor jön az utolsó dal,
Utánad vajon mi marad.

Az utolsó bábu a sakktáblán,
A fekete király a mattra vár,
Melyik lesz az utolsó lépés,
Ami után nincs több kérdés?

Ha megírják az utolsó verset,
S mindig van párja minden rímnek,
Csak egyszer lesz kerek és egész,
Mennyit ér ez a földi lét?

És elkészül az utolsó festmény,
Szemed már odaátra néz,
El tudsz-e számolni lelkeddel,
Vagy csak karcolsz az ecsettel?

Senki sem ismeri a filmed végét,
Csak egy popcorn, amit kérnél,
Széles vásznon tekinted életed,
Lehunyt szemmel várod végzeted.

Utolsó játék: ki nevet a végén?
Dobd a kockát, játssz és lépj,
S egyszer minden véget ér.
Te csak játssz, amíg itt élsz.

Az a pillanat

Ha behunyom a szemem,
Én tisztán emlékszem
Arra a pillanatra,
Mely a jelenből kiragadt.

Akkor és ott megszűnt a világ,
Nem érdekelt, ha bármi fájt,
Nem hallottam, nem láttam,
Csak éreztem: a kör bezárva.

Mintha órák lettek volna,
A mutató oly lassan haladt,
Pedig csak egy pillanat volt,
Amit az élet belém kódolt.

Valahol egy távoli álomban,
Ott, ahol a lélek szabad,
Nincsenek rajta láncok,
A boldogságot kiáltom.

Nem számít a holnap

A vonat ablakán arcképed,
Múltból táplálkozó emlékek,
És már képes vagyok elhinni,
A jövő felé szabadon szállni.

Nem tudni, mennyi idő juthat,
Vajon mit hozhat a holnap,
Mindig csak a jelen, csak a most,
Felettünk csak a csillagok.

A hosszú utamra sok erőt,
A pillanatokban több időt,
Nincs sok, csak ennyi a kérés,
S akkor mindig kék az ég.

Apró dobbanás szívemben,
Mosolyom szélnek eresztem,
Az érzés újra és újra hazatér,
Nem számít, a holnap mennyit ér.

Múló álom

Életed egy hamis álomkép,
Illúzió, amit naponta átélsz.
A rózsaszín köd leszállt eléd,
Egy hinta, amiben ringatnak rég.

Elhitették veled. ennyi a cél,
Téged nem érhet semmi veszély,
Egy festett kép az asztalodon,
Édes cukor minden fájdalom.

Megadják a szavakat a szádba,
Beleültetnek esténként a kádba,
Mely tele van tejjel és vajjal,
Reggel felébredsz fonott hajjal.

Elhiszed, hogy kacsalábon forogsz,
Egy kastély lett a magányod,
Kijelölték neked, mit kövess,
Mint Dorothy a sárga követ.

Egy burok vesz már körbe,
Sosem nézel bele a tükörbe,
Csipkerózsika álma üldöz,
Csak a szőke királyfi üdvözöl.

De lassan kezdj el aggódni,
A múló álom el fog mosódni,
Ne lepődj meg, ha arcod napfény éri,
Ez a való élet, ne ijedj meg élni.

Itt járt a boldogság

Tegnap itt járt a boldogság.
Csak bekopogott, s továbbállt.
Én néztem utána oly bután,
Ahogy sietett előttem az utcán.

Futni akartam utána azonnal,
De a lábaim nem mozdultak.
Egy érzés csendben itt maradt,
Észrevétlen szebbé tette napomat.

Arcomon egy kósza mosoly,
Az eget színezte a napkorong.
Még mindig álltam az ajtónál,
Figyeltem, merre jár a boldogság.

Itt járt nálam a boldogság tegnap,
Befészkelt a szívembe halkan.
Minden érzés értelmet talált,
S már naponta kopog a boldogság.

Nem adom fel

De ez nem én vagyok,
Hogy azonnal feladom.
Egy mély lélegzetvétel,
S látom a célt előttem.

Akármilyen mélyen vagyok,
Visszajövök, várjatok.
Körmöm alá ragad a kosz,
Ahogy egyre feljebb haladok.

Egyre közelebb már a cél,
Hevesebb a szívverés.
Ugye minden jó lesz?
A vége csak a miénk lesz?

Küzdök foggal s körömmel,
Karjaimba zárlak örömmel,
Mosolyod őrzöm szívemben,
Nem létezik a lehetetlen.

Véget ér, de elkezdődik

Egy kis részem most meghal,
Szívedben messze szárnyal,
Arcomon egy könnycsepp
Lassan éri el a földet.

Valami véget ér, de
Kezdődik egy új fejezet,
Hiszem, tűzön és vízen át
Óvjuk s védjük egymást.

Nincs az a távolság,
Ami közénk áll,
Megáll az idő s a tér,
Lelkünk egyszer összeér.

S én tudom, egy nap
A boldogság körém fonja
Karját, többé nem ereszt,
Hisz' így van megírva a végzet.

Tehetetlen vagyok

Csak ülök egy székben,
Várom, mi lesz a vége.
Lassan felemészt az idő,
Az égen sincs felhő.

Tudom, mindent megtettem,
Mit a szív diktál idebenn,
Mégis olyan zavaros minden,
Minden van, de semmi sincsen.

Kinyújtanám a kezem,
Nem tudja, hol keressen.
Egymást váltják a napok,
De én még mindig csak várok.

Ez a legnehezebb dolog:
Tehetetlen vagyok.
Esténként az utolsó gondolat:
Mikor látom újra arcodat?

Ne add fel!

Amikor nagyon mélyen vagy,
Nem látod, ha jön egy kanyar,
Ha viharossá válik a tenger,
Csak te ne add fel.

Amikor nem úgy süt a Nap,
Felhők takarják a csillagokat,
Mikor csak rád esik az eső,
Csak fújd messzire a felhőt.

Ha rossz irányba megy a vonat,
S nem áll meg, csak továbbhalad,
Akkor vegyél egy mély lélegzetet,
S nyugodtan hullajts könnyeket.

Minden úgy jó, ahogy történik,
Az élet akkor jó, ha megélik.
S szemed előtt az lebegjen:
Bármi történik, itt leszek neked.

Állj fel!

Lehet akármilyen nehéz,
Nagyon messze a cél,
Csak adja a pofonokat,
Nehezíti harcodat.

Zuhanhatsz akármilyen mélyre,
Futhatsz mindig fedezékbe,
De sosem kerülheted el,
Követni fog mindenfele.

Lehet szívedben a teher,
Néha csak a düh felel,
S ha ökölbe szorul a kezed,
Van, hogy már nem nevet.

Állj fel a padlóról, gyere,
Emeld fel lassan a fejed,
Mondd el hangosan újra velem:
Végigcsinálom, akármi lesz.

Mert az életet élni kell,
A szabadságot élvezni kell,
S fenn a hegyek tetején
Szabadok vagyunk a legvégén.

A könnytörölgető

Ma újra láttam őt,
A könnytörölgetőt.
Belenéztem szemébe,
Zavaros még a vége.

Ott, túl az álmokon,
Nincs már fájdalom,
Megszűnik minden határ,
Mindig ott jó, ahol jársz.

A busz már eltűnt rég,
Te még integetnél,
Szívedben csak a remény:
Mikor lesz, amikor hazaér.

Ott állt az út túloldalán,
Nem ment sehova, csak várt.
Lehet, nincs mindig veled,
De letörli a könnyeidet.

Hiszek benne

Lehet akármilyen messze a cél,
Fújhat bárhogyan a szél,
Jöhet egy komoly akadály,
Érhet valami, ami fáj,

Eleshetsz, amikor nem várod,
Van, hogy nem húzzák a számod,
De akármilyen nagy a hegy,
Én a végén úgyis felmegyek.

Nehezek lesznek a lépések,
Fejemben meg csak kérdések,
Az idő majd úgyis válaszol,
Egyszer elérem majd az álmom.

Igen, fejben dől el minden,
A „lehetetlen" szó törölve,
És hogy én hiszek-e benne?
Anélkül ugyan mit érne az élet?

A remény

Csak telnek-múlnak a napok,
Hidd el, én nem változom.
Szemem előtt mindig a cél,
Szívemben dobog a remény.

Mert valamiért élni kell,
Hinni, hogy nem hagy el,
Hogy mindig van értelme,
Csak a remény maradjon meg.

Ami viszi előre lépteim,
Válaszolja kérdéseim,
Ami erőt ad mindig nekem,
A remény, hogy ne essek térdre.

Amit mindennap elérek,
Megtartom kezeimmel,
Viharban sem szűnik meg,
Nekem a remény felel.

Hogy túléljem a tegnapot,
S mindig várjam a holnapot,
Ami nélkül kifakult az egész,
Csak ne vedd el tőlem a reményt!

Lepketánc

Tegnap kisétáltam a rétre,
Vállamra szállt egy lepke.
Én csak néztem őt csendben,
Felhők úsztak felettem az égen.

A rét közepén leültem,
Madarak felettem repültek.
A nap már fényesen ragyogott,
A lepke csak ült a vállamon.

Egy pillanatban elszenderedtem,
Egy csodás álomra leltem.
A lepke oly kecses táncot járt,
És teljesnek tűnt már a világ.

Lassan kezdett leszállni az éj,
Utam világította meg a holdfény,
S én holnap is eljövök a rétre,
Hogy a lepke táncát újra megnézzem.

Palackba zárva

Megírom az üzenetem,
Gondosan palackba teszem,
Az üveget jól lezárom,
A tengeren szabadon bocsátom.

Figyelem, merre halad,
Hogy szeli a hullámokat,
S ha eltűnik a láthatáron,
Csak remélek, célhoz találjon.

Minden reggel úgy kelek fel,
Jó úton halad az üzenet,
Nem hajtom le a fejemet,
Erős hittel haladok előre.

Az üzenet úszik a tengeren,
Abban a palackban megleled.
Nincsenek rajta nagy szavak:
Csak száll a boldogság kék madara.

Jövő nélkül

Az esőerdőben a tűz felemészt,
A szmogtól nem látod a naplementét,
A jegesmedvéknek már csak a tenger,
Műanyagtól fullad meg az ember.

Este bámulod a sorozatokat,
Máshol fegyverből kapják a sorozatokat,
Lassan felforr itt minden,
Senki nem akarja menteni a Földet.

Tömöd magadba a hamburgereket,
Az utcán flegmán dobod el szemeted,
Jobb nézni mások szenvedését,
Mint magadban keresni a fényt.

Ketrecekben kínozva az állatot tenyészted,
Csakis a pénz, ami az önös érdeked.
Eltűnt a tisztesség, köddé vált a becsület,
Elhiszed, a koporsóban valaki kitüntet.

Lehet, neked még ez az otthonod,
De a jövőt vajon kire hagyod?
Mert ha magadban nem változtatsz,
Nem lesz, mit magad után hátrahagyj.

Egy csillag

Egyszer felmennék oda,
Hol a csillagok ragyognak.
Megkeresném a legfényesebbet,
Magammal vinném a szívemben.

Onnan fentről nézni a világot,
Felhők fölött élni az álmot,
Szabadon élvezni a mindent,
Amikor gondod semmire sincsen.

Ott fenn oly nyugodt a lélek,
Ott fenn semmitől se félek,
Hisz' a csillag a menedékem,
Tűzön-vízen át őt védem.

Csak egy csillagot keresek ott fenn,
Amelyik büszkén ragyog az égen.
Hozzá nem mennek háromkirályok,
Bennem őrzi a legszebb álmom.

Egyszer oda felmennék,
Az egyetlen csillagért.
A csillagot el nem ereszteném,
A végtelenbe magammal vinném.

Repít a szél

Messzire repít a szél,
Hol a szív már nem fél.
Ott végre megpihen,
Túl a végtelenen.

Elrepít messze a szél,
Mindig úton, nincs érkezés.
Szabadon minden felett,
A boldogsághoz repítsen.

A szél, ami repít messze,
Hogy hozzád megérkezzem,
Ott otthonra találnék,
Mást nem is kívánnék.

Repítsen minket a szél
Oda, hol bánat nem ér.
Oda, ahol ragyog minden,
Ott ketten leszünk egyek.

Hiszek benne

Lehet, mások kinevetnek,
Én akkor is megyek előre.
Az emlékek feledésbe merülnek,
Bennem tombol az életkedv.

Lehet, a sorban utolsó vagyok,
De a célban nekem gratuláltok,
Mert én sohasem adom fel:
Küzdök, amíg hajt a vérem.

Talán őrültségnek tűnhet,
A hitem mindennél erősebb,
És ha a többség már elesett,
Bennem akkor is erős az élet.

Lehet, valaki nyilakkal játszik,
És hamis álomnak látszik,
De én mindig ébren álmodom,
Erről a csodáról le nem mondok.

Amíg idebenn lüktet az ér,
Nincs olyan, hogy „ennyi, és kész",
A függöny soha nem megy le,
Én a síron túl is hiszek benne.

Esőcsepp

Arcomat mossa az eső,
Az égen csak szürke felhő.
Én állok kinn a szabadban,
Várlak a szivárvány alatt.

Nem akar a nap sem sütni,
Hagyja az esőt csendben esni,
Lehetsz bármilyen messze,
Nyári záporban is megkereslek.

Egy hűvös őszi estén
Legyél menedék,
Mikor az eső szüntelen szakad,
S én az utcán bőrig átázva.

Talán az eső lelkem tisztítja,
Szívemben a tüzet nem kioltva,
Mert a szikra ott benn csak vár,
Ha az eső elvonul, robbanni akar már.

Tudom, itt semmi se véletlen,
Egyik esőcsepp sem értelmetlen,
Ott, távol a messzeségben
Várlak téged, az egyetlen esőcseppet.

A barát

Rám mindig számíthatsz,
Az éj közepén is felhívhatsz,
Mondd el nekem bánatod,
Meséld el a legszebb álmod.

Legyél nagyon mélyen,
Érted nyújtom kezem,
Ketten megyünk a cél felé,
Együtt mi vagyunk a fény.

Soha nem hagylak magadra,
Még ha le is esel a szakadékba,
Ha kell, viszlek a vállamon,
Ezt a terhet mindig vállalom.

A legfontosabb láncszem,
Semmi sem szakíthat el,
Hisz' megígértük egymásnak:
A barátság mindennél fontosabb.

Csak a jók mennek el

Ezt már nem hiszem el,
Ami történik odafenn.
Egy nap szívesen felnéznék,
S ott folyton csak kérdeznék.

Vajon hova nézett, mikor történt?
Vagy csak letakarta a szemét,
Elszívhatott egy füves cigit,
S fejünkre hullik az a csikk?

Nincs itt semmi igazság,
Fenn is tombol a gazság?
És ha valamihez nincs kedve,
Akkor csatornát vált nevetve?

Hisz' az életet ő is megunta,
Neki minden este utolsó vacsora.
Vajon egyszer itt rendet fog tenni,
Vagy hagyja mindig a jókat elmenni?

Még ég a tűz

Ma újra sétáltam az erdőben,
A szél lágyan fújta a felhőket.
Az égen, ott fenn, a napkorong,
Lelkem ismét ragyogott.

Egy pad mellett megálltam,
Már tudom, mi az, amire vártam.
Némán kérdeztem, választ vártam,
Amit benn, a szívemben megtaláltam.

Szemem behunyva csak ültem,
A boldogság szárnyán repültem.
Éreztem, milyen szabad az ember,
Félelem nélkül csodákat ér el.

Teljesnek éreztem a mindent,
Még erősebbé vált a hitem,
S esténként csillagos az ég,
Az a tűz bennem még mindig ég.

Szemfényvesztés

Amikor feléled a sok talpnyaló,
Csodákban pompázik a hintó,
Versenyeznek, kinek hosszabb a nyelve,
Hátulról egy nyalást mennyire bír el.

A legszebb ígéretek, álmok,
Hamis igéket kántáltok,
Indul az álarcosbál,
Öltönyös tolvaj, ki rád vár.

Csak jó helyre tedd az x-et,
Utána senki se hallgat meg,
Maradunk ugyanúgy itt lenn,
A Rózsadomb nem nekünk terem.

És jön a sok kincsvadász,
A király nyálán fel a létrán,
Minden csak szemfényvesztés,
Nem leszel emlék sem a végén.

A mennyország kapuja

Nyisd ki a mennyország kapuját,
Vedd el, nálam találod a kulcsát.
Együtt szállunk a végtelenbe,
S alászállunk a mélybe.

Üres vászonra képet festünk,
Végtelen minden estünk,
Az ecset már ott van kezedben,
Játssz bátran a színekkel!

Ahogy kis patakok életre kelnek,
S a végén folyóvá lesznek,
Csónakunk csak ring a vízen,
Jön a vízesés, zuhanjunk bele!

Amikor halkan suttog a szél,
Érezzük, milyen közel a vég.
A csillagok is lehullanak,
Nyitva a mennyek kapuja.

A menedék

Amikor a vihar tépne szét,
Halványul minden remény.
Ha arcodon a könnycsepp még,
Én leszek neked a menedék.

Ha már nincsen kiút sem,
Csak forogsz körbe-körbe,
Ha csak a kín, ami ér,
Leszek neked én a menedék.

Amikor mindenki ellened,
Nem látsz már szépet sem.
Ha kifakulna minden kép,
Neked leszek én a menedék.

Ha hosszú útra mennék,
S rám köszönt a sötét éj,
Te akkor is velem legyél,
Nekem te vagy a menedék.

A pillanat

Tudnod kell, mi a pillanat,
Amikor benned minden szabad,
Minden lépéssel közel a cél,
Szívedben újra dobban a remény.

Talán észrevétlen oson feléd,
Messze csak pislákol a fény,
Egyszer váratlanul hozzád ér,
Eggyé válik veled a remény.

Egy pillanat is elég lehet,
Szívedbe bátran fészkel,
Csendben épít várat magának,
A remény benned a varázslat.

Nem tudható, mikor vagy hol,
Csak érezned kell a pillanatot,
Utána szárnyal veled az érzés,
S már nem enged el a reményt.

Az az apró, észrevétlen pillanat,
S már érzed, mennyire szabad vagy.
Lelkedben csendben pihen már rég,
Mutasd meg nekem is a reményt!

Ez vagyok én

Én nem adok neked virágot,
Se ékszert, mely rád kiáltott,
Én megosztom veled mindenem,
Gyere, ismerd meg az életem!

Én nem mesélek neked éveket,
Mutatom az életemből a képeket,
Néha jönnek rosszabb napok,
Van, hogy önfeledten szárnyalok.

Nem kell keresni az értelmet,
A szív úgyis mindent érez,
Csak sodródj velem az árral,
S szabadon hazatalálhatsz.

Nincsenek üres pillanatok,
Én neked emlékeket adok,
Fedezzük fel a világot, míg élünk,
Menjünk, amíg semmitől se félünk!

Mindig bízva egymásban,
Nem számít, ki milyen távol van,
A gondolat összeköt minket,
Jöjj közelebb, ismerj fel!

Lásd meg a szabadságot bennem,
Érezd, miről mi a véleményem,
Tudd meg, kiért tűzön-vízen át,
Halld meg bennem a dobogást!

Elzárva a legféltettebb kincsek,
Hiába keresik, nem mindenki lel meg,
Én csak maradok az, aki voltam,
Az leszek, amiből táplál a múltam.

Hétvégre

Engedj a pulthoz végre már,
A folyékony öröm csak rám vár.
Igaz, e nélkül is lehetne, de
A sörömhöz hadd menjek!

Nehezen induló hetek,
Várva várt péntek este,
Csak úszok a mámorban,
Korsó sör kísér álmomban.

A gyertyát két végén égetve,
Az ital mellett vígan nevetve,
Lassan eltűnnek a gondok,
Összefolynak a mondatok.

Mert mindig jön az újabb pohár,
Nem érdekel, hogyan forog a világ.
Van, mikor csak ez vigasztal,
Egymagam ülök az itallal.

Néha közbeszólnak felespoharak,
Másnap nem vagyok önmagam,
A fejem fáj, lassult a világ,
Csak a söröm hadd igyam meg már!

A gyermek idebenn

Nézd, ahogy lassan leszáll az est,
Egy mesét hadd meséljek neked!
Volt egy kisgyerek nagy álmokkal,
Csak szabad akart lenni vágyakkal.

Nem minden cukormázzal bevont;
Volt, hogy magányosan ballagott.
Elképzelte, milyen lesz felnőttként:
Család, gyermek, siker és pénz.

Látta magát valamely egyetemen,
A végén diplomával a kezében.
Így teltek lassan a boldog gyermekévek,
Vattacukor csak úgy ragadt kezében.

A suliban nem mosolyogtak sokat vele,
Csak morogtak: „a tanárnő kedvence",
Pedig ő nem akart semmit, csak jó lenni,
Sokat tanulni, és embernek megmaradni.

Sok verseny az iskolai évek alatt:
Matek, nyelvtan, mik útjába álltak,
Néha segítséggel, de sokat küzdve,
A végén mindig megvolt az eredménye.

S egyszer ez a kisgyermek nagyot gondolt,
A hegyekben otthagyott minden gondot.
Amikor a csúcsra érve fogadta a látvány,
Nem is akarta elhagyni a hazáját

A sport is lassan megjelent életében,
Egy nap ott találta magát a B-középben.
Azóta nem tud elszakadni onnan,
Királyok városában otthon van.

Amint lassan szálltak el az évek,
Úgy jött rá, milyen kemény az élet.
Kezdetben még hitt minden mesében,
A fény csak ragyogott a szemében.

Hiába pár elvégzett tanfolyam,
Másfelé sodródott az útja,
Eleinte elhitte, csak játék az egész,
De hamar rájött, közel a sötét.

Megtapasztalta az élet másik oldalát,
Feje felett idegenek törtek pálcát.
Csak zuhant le a végtelen mélybe,
S ragaszkodott egy hamis meséhez.

Egy nagyon rossz pillanatban
Saját magát hozta szörnyű bajba:
Amikor táncba hívta a gonosz,
Kérdés nélkül karjaiba futott.

Nem számolta, mennyi év telt el,
Az életet újra kellett kezdenie.
Kapott egy második esélyt,
S már ő irányítja életét.

Megtalálta, ami eddig hiányzott,
Azt a régóta várt szabadságot.
Már tudja, hol van a helye
Ebben a rohanó rengetegben.

Szívét már erős fal védi,
Nem mindenki ismerheti,
Csak kevés ember lehet az,
Aki e szívbe beleláthat.

Felemelt fejjel tekint előre,
Tudja, kiktől kaphat új erőre.
Van, akiért kezét tűzbe tenné,
Megosztaná vele életét.

Ez a kisgyerek idebenn még él,
A felnőtt én néha múltba néz.
Olykor a folyóparton emléket idéz,
A jövő leküzdésére segítséget kér.

Most már tudja a következő lépést,
Foggal-körömmel küzd a célért.
S már ismeri, mire képes a karma:
Amiből adsz, az élet neked visszaadja.

Látod, lassan felkel már a nap,
A mesének nem lesz vége soha.
Jönnek újabb napok, újabb küzdelmek,
S a kisgyerek éli tovább az életet.

Ki nem mondott szavak

Emlékszel, miről beszéltünk rég?
Bennem minden szó tisztán ég.
Lehet, benned már megkopott,
A mondat már szertefoszlott.

Talán sok idő telt már el, de
Én minden szóra emlékszem.
Te másik utat választottál,
Magad után mindent felgyújtottál.

Minden szót, amit kimondtam,
Az égre lángbetűkkel írtam,
De te csak akkor néztél az égre,
Mikor az érzés belőled kiégett.

Tegnap láttalak az utca túloldalán,
Az embereket bámultad az utcán.
Görnyedten mentél a teher alatt,
Összenyomtak a ki nem mondott szavak.

Vajon emlékszel, miről beszéltünk?
A nagy tervek csak, amitől féltünk.
Akkor elhittük, miénk lesz minden,
Én a kimondott szavakban hittem.

De benned csak gyűltek a szavak,
Érezted, lassan már belefulladsz,
Te akkor se mondtad ki a szavakat,

Nézted, ahogy téged felfalnak.
Átsétáltam hozzád a túloldalra,
De a szád elfedte egy ragtapasz.
Engem magadtól messzire löktél,
A kimondott szavakban sosem hittél.

Szólíts barátnak

Mindig ugyanaz a fejezet,
Hiába lapozom a könyvet.
Amikor vége lesz a nyárnak,
Szólíts nyugodtan barátnak.

Eggyel több pohár az asztalon,
Mindig egy, amit kihagyok.
Ha ősszel hideg szelek járnak,
Te akkor is szólíts barátnak.

Amikor fehérbe borul a táj,
Mesébe illő a látvány.
Az ablakon jeges varázslat,
Nyugodtan szólíts barátnak.

Amikor minden álmából ébred,
Újra pezseg a természet.
Nem szabnak gátat a vágynak,
De tudod mit? Szólíts barátnak!

Csak ne mond el senki másnak.

Agy-mosottak földje

Tudom, nehéz a gondolkodás,
Nálad már zajlik az agymosás.
Ahogy habzó szájjal nézed a híreket,
A fotelben ülve üres a tekintet.

Csak azt hallod meg, ami neked tetszik,
Ha nem úgy szól hozzád, biztos hazudik.
Parancsban kérnek, tegyél hitvallást,
Ha megvan, savval öntsd le a szád.

Mint a bábu azon a sakktáblán,
Mit lépsz, majd mások megmondják.
Csak magad elé nézel üres tekintettel,
Nehogy szemedbe menjen a vegyszer.

Dróton rángatott rongybaba lettél,
Nyugtat a tudat, nekik mindent megtettél.
Tested lassan elárasztja a méreg,
Hidegen hagynak a kék fények.

Mindennap izgatottan várod,
Az a jó, ha nagyon véres az álom.
Megcsalva, megölve, elütve, kirabolva,
Pattogatott kukorica tömve arcodba.

Az interneten élőben a gyilkosság
Neked csak a szobában a toporgás,
Üvöltve várod már az ismétlést,
Benned minden elveszett rég.

A program szépen fut a fejedben,
Igazán büszke rád mestered,
S amint este a tévét kikapcsolod,
Remegve várod a következő adagot.

Rajtad áll

Azt mondtad, erősebb leszel, mint Isten.
A padon melletted nevetve ültem,
De most látom, ahogy pusztít az alkohol,
Börtönbe zártak a saját démonok.

Emlékszem, ahogy elvakított a gazdagság.
Azt gondoltad, téged már semmi se bánt,
De egy nap mindenki magadra hagyott,
Az utcán köszöntöd minden hajnalod.

Talán az első adaggal kezdődhetett.
Tudom, csak látni akartad a mennyet,
De a pokolba sodort téged minden utca,
Mit esténként terítettél asztalodra.

Igen, csak ki akartad próbálni,
De nem tudtad a próbát kiállni.
Szép lassan felfalt téged is a kígyó,
Elhitted: a rohadt alma a megváltó.

De mikor felébredsz, lehet, késő lesz.
A bánat gödröt ásatott már veled,
A szakadék mélyéről nincs visszaút,
Nem süt a nap, nem látod, hol a kiút.

Pedig ha azon a padon mellettem
Másként sikerül döntened,
Elfogadni azt, amit neked adtak,
S továbbadni, amit neked hagytak.

A szörnyek a szekrényből

A szekrényből azok a szörnyek,
Látod, még mindig léteznek.
Beleköltöznek lassan a fejedbe,
Rémálommá teszik az életed.

Lassan hangok a fejedben
Mondják meg, mit szabad tenned.
A valóság lassan semmibe vész,
Egymást váltja nappal s az éj.

Elhitetik veled, örökre eltűnnek,
Csak tedd meg, amit kérnek.
Egy apró lopással kezdődik el,
Majd emberéletet követelnek.

Azt hiszed, csak mesélnek,
Reggelre véget ér a történet,
De aztán a kezeden a vért látva
Magadban a szörnyekért kiáltasz.

Könnyek közt számon kéred őket,
Hisz' megígérték, hogy eltűnnek.
Mindegyik gúnyosan nevet rajtad,
S újabb terveket füledbe súgnak.

Eljön majd a legutolsó pillanat,
Amikor számodra semmi sem marad.
Az őrület határán csak annyit érzel,
Meg kell ölnöd mindegyik szörnyed.

Nem tudok hinni

Már megint az kell, mit nem érhetsz el.
A tányérodon az étel ehetetlen.
Volt idő, hogy a mesét elhittem,
A mosolyt felváltották a könnyek.

Változtam, pont, ahogy az élet.
Belül ugyanúgy dobban a szívem,
Van, mikor kissé fáradtan,
Az út porától koszosan.

Persze régen kölni meg virág,
Most meg csak SMS-t dobálsz.
Eltűnt minden, ami rég volt szép,
Mára csak a pénz, ami a fény.

Van, hogy kiszakadt farmerben,
Néha csak a sportos ruhát veszem fel,
Amit hallottál, őszinte szavak,
Mézzel bevonva kaptam hamis álmokat.

Éjjel az utca kövén megállva,
Az égre nézve várok a csodára,
Ahol a szó sohase őszinte,
Nem tudok hinni a szerelemben.

Kártyavár

Elég egy apró szellő,
S minden összedől.
Asztalon a kártyavár,
Már nem sokáig áll.

Remegő kézzel
Egy újabb emelet,
Levegőt sem veszel,
A lapok ne dőljenek.

Zárd mindig az ablakot,
Csak figyeld a lapot,
Mert elég egy pillanat,
S minden földre hullhat.

Te telhetetlen vagy,
Kell egy újabb asztal,
S nem figyelsz, mit teszel,
Melyik lapot hova helyezed.

Lassan a szoba is tele,
Kártyavárak rengetege.
Nézd meg, hova lépsz,
Nehogy rosszat tegyél.

A végén már nem tudod,
Hogy meddig állnak a lapok,
Nem marad más megoldás,
Végleg le fog dőlni a kártyavár.

Tudom, miért

Hidd el, mindennek oka van,
Amit adsz, pont úgy visszakapsz.
Lehet, most még nem érted,
Csak ha évek múlva visszanézel.

Szinte alig őszinte a szó,
A hazugság szívbe markoló.
Felkelt a gonoszabb énem,
Fuss, mielőtt elér a végzet.

Csak az igazságtalanság,
Az húzza meg mindig a határt.
Ha így mennék az úton tovább,
Szembe köpném magam inkább.

Átlépve már a harmincadikat,
Vállalom a kimondott szavakat.
Én tudom, mit és miért tettem,
Nem a nyakamba tekernek kötelet.

Mindig két út közül választhatsz.
Vajon most melyik úton járhatsz?
Én megyek a szabadsággal előre,
Az élmény, amitől kapok erőre.

Sár

Azt hiszed, feletted nincs felhő,
A sarat soha nem mossa el az eső.
Felvehetsz naponta több álarcot,
De nem kerülheted el a halálod.

Két kezed nem tudja, mit akar,
Valakitől elvesz az egyik, sose ad,
A másik minden alkalommal
Hazug mesékkel szemeket takar.

Minden vihar után nagyobb a sár,
Ami benned van, rég halott már.
Hiába könyörögsz mindenkinek,
Lásd, ahogy elfordulnak tőled.

„Hagyj békén! Nincs következmény."
A sár már lassan a nyakadig ér,
S én majd ott fogok állni feletted,
Végignézem, ahogy meghal a lelked.

Vihar

Mondd, mivé lett a világunk?
Egymásnak tömegsírt ásunk,
Pár csepp olajért embert ölnek,
A számla legyen tele pénzzel.

Hazugságért a hatalom jár,
Igaz szót kevés, aki kínál.
Öntelten ülsz ott a székben,
Csak a tiéd a világ dicsősége.

Addig jó, míg megosztanak téged,
Inkább a másiknak folyjon a vére.
A politika csak egy rothadó álca,
Valamikor le kell hulljon álarca.

Nem kell értened mindenhez,
Elég, ha jó helyre nyalsz be.
Elhitetik veled pár évente:
Mindjárt itt a változás szele.

Azt hiszed, mindent szabad,
Nyugodtan lophatsz, hazudhatsz.
Kezdj el félni, semmi sem örök,
Jön a vihar, ami téged eltöröl.

Őszinte játék

Engem nem érdekel, mikor, kivel,
A számládon mennyi pénz pihen,
Csak az, amikor itt játszunk együtt,
Azt mindig őszintén tegyük.

Nem érdekelnek hamis szavak,
Fejedre mikor hullanak,
Ha játszani kell, a lényeg:
Mindezt őszintén tedd.

Nem érdekel, mikor kel a Nap,
Az óra nálad mennyit mutat,
Ebben az életben, ha játszani kell,
Minden perce őszinte legyen.

Nem érdekelnek a könnyek,
A mese miért ért mára véget,
Csak annyi itt a lényeg:
Játssz őszintén, kérlek!

Engem nem érdekel a kudarc,
Kivel, mióta megy a harc,
S eközben el ne feledd,
Itt őszintén játszani kell.

Nem érdekel a fájdalom,
Mennyire fojt meg az álom,
Amikor reggel felébredsz,
Őszintén játssz, erre emlékezz.

Nem érdekel, hogy dobban
A szíved, melyik percben robban,
Itt csupán arra kérlek,
Őszintén játssz, míg élek!

Nem érdekel, mennyire szereted,
A remény rabja én nem leszek.
Én megtanultam a leckét:
Itt játszani kell, őszintén.

Legyél jó

Néha adni, nemcsak kapni,
Nem elfelejteni jónak lenni,
Ebben az eltorzult világban
Tüzet kell adni a fáklyáknak.

Ezt a szívedben benn érzed,
Egy aprósággal jobb az élet,
Jónak jó lenni, ezt átadni,
A boldogságot továbbvinni.

A hazugság csak eltemet,
Kiszúrod vele saját szemed.
Két lábbal mindig a földön,
Jónak jó lenni, ez nem börtön.

Talán van pár szó itt a számban,
Amitől a világ kissé jobbá válhat.
Hogy elhiggyék, jónak jó lenni,
Nem mindig csak mástól félni.

Hiszek abban a nagy erőben,
Mely vihart hoz a felhőkben,
Segít a fájdalmat elviselni,
Magamat mindig jobbá tenni.

Isten barma

Azt mondod, lassú a reflexem,
A refluxod neked meg túlértékelt.
Nem baj, ha nem érted a mondatot,
A végén úgyis leesik... a vércukrod.

Nem csak a doktornál van oltás,
Rettegj, ott jön feléd egy ebolás,
Csak egy kis injekció a fejedbe,
Hátha pozitív lesz az IQ-szinted.

Vigyázz, mit kérsz a kínainál:
Lehet, nem csirke, amit falnál.
Néha kicit cíp, kicit erősz,
Mondd, te mindennek bedőlsz?

Ne hívj többet úgy, hogy „Kincsem",
Nem a lovak közé születtem.
Te csak tömd magadba a salátát,
Nézd meg utána a lovak... száját.

Nyomd csak magadba a szilikont,
Látod te is, akciós a szódás szifon.
Téged nézve lassan rájövök:
A kacsacsőrű emlős örök.

Ha tudnád, mennyit sírtam érted,
Elázna a föld, ugyan... csak vicceltem.
Nem kellenek többet az üres bókok,
Most már magam verem ki... a pokrócot.

Olyan édes vagy, hogy ezt elhiszed!
Megnyugtatlak, nem minden happy end.
Van, hogy tönkremennek a dolgok,
Neked is jó lett volna a Taigetosz.

Már az orvosok is csodálnak téged,
Még kutatják erősen a tényeket,
Vajon hogy maradhat még életben,
Ki sosem értette a lényeget.

Ott jön szembe egy orángután,
Úgy nézel, mint aki fenn maradt a fán.
Téged ne idegesítsen a karma,
Nem leszel több mint Isten barma.

Ki saját szemébe szúrja a szöget,
Önts magadra savat, ne keveset.
Próbáld ki, milyen jó ízű a vegyszer,
Csak egyet kérek: félre ne nyelj.

Látod a sok birkát a pénztárnál?
Pont úgy bégetsz te is, ne kiabálj.
A füledbe már ólmot öntöttek,
Hiányod nem érzi meg senki sem.

Csak egy kis folt vagy itt nálunk,
Egy pattanás, amit ki kell nyomnunk.
Már beleszorultál egy nagy fotelbe,
Tévét bámulva oly üres az a tekintet.

Fejedben tombol a sötétség,
Ne ijedj meg, nem ér el a fény.
Még a sajnálatra is oly kevés vagy,
Figyelj, a zombikban is több az agy.

A profilkép egy szakadt válltáska,
Azt hiszem, elég ennyi oltás ma.
Te úgysem fogsz fel ebből semmit,
Na, irány az ágy, húzd fel szépen a pizsit.

Csalfa mese

Aljas a harag, ha rajtakapnak,
Akarva rajtad az ara ajka
A falnak tapaszt, talpad ragad,
Magadra hagy, ha nagy a falat.

Egy merev test kezedben,
Egy fejsze meg benn fejedben
Helyre tesz, egy perc se telt el,
Kedves embere testedet temetve.

Oly konok, hogy ott oson,
Hol olykor sok holt loholt,
Olykor sok rossz volt, most
Gonosz dolog ott forog.

Itt nincs kicsi kincs kinn,
Mind ily pici hit, mit hint.
Spicli, ki biz' sittig viszi
Ribit, ki mindig itt iszik.

Ecc, pecc

Nem menj gyorsan, ott egy fakabát,
Az új ruhádnak meg fuck about.
Mit rajzolsz a papírra az egy kör, te?
A restiben reggel lecsúszik a feles körte.

Lassul a zene fejedben, jön egy új mix,
A csajod rakják, és elmegy mint a tippmix.
Hiába a hónod alatt egy colt-táska,
Menni kell az orvoshoz oltásra.

A dzsungelben a növényzet mindent benő,
Ki az, aki itt valakit rejt? Ő Jenő.
Vigyázz, jön egy gyomros övön alul,
A pisztolyom meg otthon a kövön lapul.

Mögötted csak szirénáznak a yardok,
Zsebemben meg nem zörögnek a jattok.
Mikrofonba ordibál: „kezeket a narkóra!"
Idő előtt kezdődik a barkochba.

Kölykök az erdőben tolják a számháborút,
Fapuskákkal lőnek, nem nagy szám... háború.
Páran álcázzák magukat tankoknak,
Én nekimegyek a faltörő kosnak.

Egy beteg elme elveszett levele,
Csak a postás, ki elesett vele.
Ha elege lett, a gond nem teszi le,
Akciósan feltolja este az ebay-re.

Nyugalom, soha nem adom fel,
Engem az ideg, ami a végén fal fel.
Beton helyett legyen csak murva,
Az utcasarkon figyel... Ez a durva!

Felteszed a telefont töltőre,
Neked vadászni kell térerőre.
Hiába, a szám nem kapcsolható,
A szám hozzád sem kapcsolható.

Ez csak egy végtelen spirál,
A füzetből is eltűnik a spirál.
Az élethez kell némi fűszer,
A rakétaindító a fű, szer.

Ecc, pecc, ide kimehetsz,
Amit művelsz, csak hecc.
Teniszben neked csak a necc,
A labdaszedő vagy, kit kinevetsz.

Válaszút

Ülök a lépcsőn, a folyót nézem.
Hogy lesz tovább? Hova lépjek?
Vajon amikor választani kell,
Miből tudom, melyik út a helyes?

Ha eltévednék a rossz úton,
Meddig tart, mire visszajutok?
Vagy valaki elhiteti majd velem,
A másik a hamis, ami nem kellett?

Minden reggel, mikor felébredünk,
Mindig válaszúthoz érkezünk.
Maradunk ott, ahol eddig voltunk,
Vagy váltunk, s kezünkbe vesszük sorsunk.

Monoton lépések egymást követve,
Vagy félelem nélkül megyünk előre.
A megszokott napi rutin bekódolva,
Vagy nem figyeljük, mit mutat az óra.

Rajtunk áll, élünk s nem csak létezünk,
Élményekkel örök emlékeket szerzünk.
Hidd el, minden ott dől el a fejedben,
Melyiket kéred, ha válaszúthoz érkezel.

Mennyit ér egy élet?

Ki mondja meg, mennyit ér egy élet?
Ki mondta, hogy forintban kell mérned?
Aki épp csak most jött a világra,
Ki mondja meg neki, hogy hiába?

Ki ítélkezik még az Istenek felett?
Szeme előtt a hatalom lebeg.
Mindenkinek jár az emberi élet,
Még ha nem is mindig oly fényes.

Ha valaki hibával jön világra,
Magatehetetlen néz fel anyjára,
Nem tud tiltakozni a bajok ellen,
Csak szenved, tűr. Némán. Csendben.

Van, kik futnak a téren önfeledten,
Akad, aki csak nézi őket a székben.
Lehet, a harmadik nyújtaná karját,
De nem tudja emelni, csak a lábát.

Te odafenn, választ várok a kérdésre.
Ha minden embert ugyanannak teremtesz,
Miért kell szenvedni egy ártatlan léleknek,
Kirekesztve, magányban tölteni éveket?

Miért kérnek a szabadságért milliókat,
Miért nincs esélye mindenkinek a jóra?
Miért nem lehet mindenki ember?
Szabadon. Gyermekként. Csak egyszer.

Benned élek

Ha végigsétálsz abban a kis szobában
A képek előtt néha meg-megállva,
Ne ejts értem könnyeket, kérlek!
Én benned élek.

Ha visszagondolsz a nyarakra,
A gondtalan utazásokra,
Meséld tovább, míg dobban a szíved!
Én benned élek.

Ha néha az albumba belelapozol,
S a fényképekről letörlöd a port,
Ne szólj, mosolyogva nézegesd!
Én benned élek.

Igen, voltak rosszabb napok,
Mikor utat tört a fájdalom,
Erős hittel nézz előre!
Én benned élek.

Tudom, könnyeket hullajtottál,
Mikor magadra maradtál,
De én nem mentem messze:
Én mindig benned élek.

Ha úgy érzed, elfáradtál, s vége,
Csak állj meg, s nézz fel az égre.
Én a legfényesebb csillag leszek;
Soha ne feledd, én benned élek.

Továbbmenni

Csendben sétálok az utcán,
Arcomon esőcseppek egymás után.
Nem tudom, hova vezethet ez az út,
Van-e egyáltalán innen bármi kiút.

A távolban egy apró fény pislákol,
Szívemben a tűz már gyengén lángol.
Megyek, most még nem állhatok meg,
Megyek tovább, itt nem adhatom fel.

Lassan elüti az éjfélt minden óra,
Nem tudom, mikor térek nyugovóra.
Amíg idebenn érzem a szív dobbanását,
Amíg van erőm, én megyek tovább.

Nem tudom, milyen szép a napkelte,
Eddig csak azt láttam, ahogy megy le.
Csak egyszer, ha ezt megcsodálhatnám,
Akkor onnan már nem mennék tovább,
Mert akkor és ott, én megérkeztem.

Ennyi volt

Veled a világ végéig, szép ígéret,
Egymásra csapjuk az ajtót – végítélet.
Ami eddig olyan fényesen csillogott,
Mennydörgést és villámokat hozott.

A jövőt tervezve, a csillagokat lesve,
A pohárnak mostantól mindig az üres fele.
Ott álltunk az út elején, fogva egymás kezét,
Elutazok... Másnak mondom el az én mesém.

Egyik percben még a felhők felett,
Az álmomból a zuhanás, ami felébreszt.
Tegnap még elhittük: csak te és én létezünk,
Magányos utunkon már vissza se nézünk.

Elhagytuk egymást, s szívemből egy darabot,
Egymagam járok némán, elhagyott utakon.
Már nem gondolok a múltra, ég veled,
Nem hagyom elveszni a perceket.

Azok az át nem élt, kimondott szavak
Most padlón fekszek, elöntenek a savak.
A világ végéig már nem a szép ígéret,
Tudd, én sohasem hazudtam... Én nem.

Lassan elvonul a vihar, kisütött a Nap,
Darabokra esett szét a tengerpart.
A részeket magamnak összeragasztom,
A múlt tanít, a jövő vár, a jelen a harcom.

Arcom a vászon

A vérem a festék, arcom a vászon,
Gyere, és fesd rá minden gondolatod.
Ugyan már, te nem vagy bátortalan,
A fantáziád ne ismerjen határokat!

Mikor tele lesz a vászon, csak tépd le,
Mi van a csont és bőr között? Nézd meg!
A kést óvatosan érintsd oda a bőrhöz,
S figyeld, a festményen táncolnak a tőrök.

De ha nem tetszene az, amit odafestettél,
Csak köpd le, tégy úgy, mintha nem te lennél.
A képet gyűrd össze, dobd a szemétbe,
Nem akarok gúnyt látni arcodra nézve.

Lassan elfested az utolsó csepp vérem,
De nem tudom, a festményed kész lesz?
Csak gyűlnek a földön az összegyűrt képek,
Téged csak a harag és a düh vezérel.

Nem hittem volna, valaha ez kész lesz,
Milyen csodásan fénylik a képen a vérem!
Én szebbet varázsolni nem tudtam volna,
Köszönöm, hogy így kerültem a vászonra.

Mindig itt leszünk

Mi akkor is itt maradunk,
Ha senki nem hallja hangunk.
Amikor mindenki elfordul,
Mi akkor sem adjuk fel harcunk.

Sokan nem értik meg, hogy élünk,
Mi az, amitől együtt dobban a szívünk.
Nekünk a pálya a második otthonunk,
Győzelem vagy vereség... Mi maradunk.

Arcunkon a sál körbetekerve,
A füst illata száll messze a szélbe.
Zászló-erdők sűrű rengetegében
Megszűnik a világ arra az időre.

Tudom, néha eléggé sújt a balsors,
Hogy egymás után jönnek rossz napok,
De ha nem lesz senki, aki higgyen ebben,
Üresen fognak állni a lelátók s terek,

Nem kell, hogy megértsd ezt az életet,
Csak fogadd el, nekem ez adja a lényeget,
Mert valamiben mindig hinni kell,
Egyszer valaki bennünket újra felemel.

A szer etet

Éhező gyermekek csontjai zörögnek,
Az olajért embereket háborúba löknek.
Szeress mindenkit, mint felebarátodat,
A szer etet, s van, aki felzabálja sírodat.

Egyik percben még benn a tengerben,
Másik pillanatban a hurrikán közepében
Repülsz, ahogy veled együtt az életed,
Csak azt ne feledd, hogy a szer etet.

Előtted erdőtűz, mögötted özönvíz,
Mégis, valaki téged imádkozni hív.
A pénz még nem boldogít, csak nyugtat,
Szemedben ott a szer-etet, ugye tudtad?

Van, mikor a szer elem s nem etet,
A pisztollyal is farkasszemet nézel.
Rég elmentek a tankok, de helyettük bankok,
A térképen meg nincs olyan messze Bangkok.

Legnagyobb örömöd telefon hitelre,
Hova süllyedsz, már nem is érdekel.
Önkéntes rabszolga lett belőled,
Tincsekben a szeretet. Téged a szer etet.

Eddig hittem

Mondd, miért is higgyek,
Ha neki odafenn mindegy?
Ha akarja, tölt egy pohárral,
Vagy egy csikket dob a világra.

Minek térjek be a házába?
Ő sem jön hozzám vacsorára.
Hidd el, kértem már eleget,
De sosem ő volt az erősebb.

Nekem mindegy, hogyan hívják,
Nem érdekel, hogy zeng a zsoltár,
Csak üljön le velem szembe,
Feleljen minden kérdésemre.

Szeretem látni a következő lépést,
Magamban érezni a lét értelmét,
De ha egy élet hirtelen véget ér,
Mondd, miért kell hinnem benned még?

Miért veszed el a szép álmokat?
Miért teszel tönkre vágyakat?
Miért okozol mély fájdalmakat?
S miért veszed magadhoz csak a jókat?

Hol vagy akkor, amikor lopnak,
Hazug szavakkal mindent vakítanak,
Amikor már nem elég nekik a minden,
A következő özönvíz vajon eljön-e?

A te hibád

Látod, ez mégiscsak a te hibád.
Ha nincsen gyerek, nem lesz hízás,
Tudod, anno Sub Bass is mondta már,
Ha nincs nő, akkor nincs is sírás.

Ott, ahol mindenki másra mutogat,
Egy kerti törpe téged bátran oltogat,
Kezét fogja egy rubint tátogó mosollyal,
Mozdul a test, adj pofont a zsírnak.

Ne dőlj hátra, a kanapédról kelj már fel,
Gyerünk, mozogj már egy kicsit, kérlek,
S ha kellőképpen elfáradtál, csináld tovább,
Aztán nyugodtan eheted az update kaját.

Ha valakit elmondhatatlan szeretsz, énekelj,
Csak arra vigyázz, a hangerőt ne told fel.
Nem kell ehhez semmilyen videoklip,
Csak mondd a szemébe, mit érzel. Ennyi.

De hiába erőlködsz, ez már csak a te hibád,
A kígyó az alma mellett veled lett, nem vitás.
Állj meg, nézd, hogyan esik szét minden család,
Te magadra figyelj, lényegtelen bármi más.

Nem a te fajtád

Bárhogy is szeretnéd,
Nem állok a sorba mögéd.
Engem nem lesz, ki vezérel,
Az elveim nem cserélem.

Ne is álmodd, hogy én egyszer
Segítő kezet nyújtsak neked.
Hamis a szó, mivel próbálkozol,
Nem adom semmiért a szabadságom.

Szabadon élek.
Szabadon félek.
Szabadon féltek.
Szabadon érzek.

Inkább leszek a magányban,
Minthogy bárkit is eláruljak.
Ha mindenki csak érkezik,
Én leszek, ki először távozik.

Hiába is erőlteted,
Én nem nyalok be senkinek,
Csak azt kérem, jegyezd meg már:
Én nem vagyok a te fajtád.

Csak barátok

„Csak barátok", mindig ez a szöveg,
Fejedről meg állandóan leesik a süveg.
Elhiteted velem, a holnap szebb lesz,
De én vasárnap váltom vissza az üvegeket.

Persze tudom, mindennél fontosabb
Az út előttem, ami mindig porosabb,
Hiába lépek, futok valami után,
A végén csak nézek nagy bután.

Mint a propán, na nem olyan profán,
Hazug mosoly az összes vásári kofán.
Elhittem rég a meg nem élt szépet,
Festettem rólad soha nem készült képet.

Cukormázzal bevont mézeskalács házikó,
Jön az óriás, egy falás, véged... Ez tuti bukó.
Morzsák, mit a madarak gyáván felfalnak,
Szívedben a remény már elhalva.

Hogyne, te meg én csak barát,
A gyűrűből kiált az aranykarát.
Mindent, csak legyen a királylány keze,
Még akkor is, ha nem igaz a fele se.

Kezedben ott van már a papa felese,
Kerítést szaggató, de kedved semmihez.
Gyere, tölts nekem még egy pálinkát,
Ott, arra a nőre meg kösd fel a pántlikát.

Persze, beszélhetek mindenfélét,
Attól még rejtve marad itt minden rejtély.
Ja, persze vágom, maradunk csak barátok,
Nem is ismerjük egymást, csak mint régi barátok.

Vakítás

Már nem csak a király hord koronát,
Mindennap csak hülyítik a sok birkát.
Bal-jobb, pont, ahogy menetelnek a majmok,
Nehogy ott hagyd a boltban azt a sort.

Már megint ez a rohadt világvége,
Hatalmas máglyán ég már a világbéke.
Csak az a fontos, hogy én életben legyek,
Felőlem a szomszéd tehene meg is dögölhet.

Vegyünk lisztet, cukrot, olajat, tejet,
Én már csak egy túrós palacsintát kérek.
Hisz' bemondta a TV, karanténba mész,
A szádon a maszk, ha meghalsz, mit sem ér.

Álljunk be a sorba, majd a vezér vezérel,
A képernyőn nézd a vírusmeséket.
A program már rég a birkába kódolva,
Bekötött szemmel koronának hódolva.

Cirkusz

Üres szavak egymás torkának,
Artisták a kötélen táncolnak,
A bohóc meg kisírt szemekkel,
Álszent mód a cirkuszba vezényel.

Mindig elhiszed, nem lehet rosszabb,
Az összes szám már párszor rontva,
De a nézők mindig megveszik a jegyet:
Ki tudja, talán most ez világszám lesz.

A magasban kifeszítve a kötél,
Nyelved már élezve, mint egy kés.
Lent a mélyben a bohóc ideges,
Az artista szív egy cigit, s hazamegy.

S a nézők szüntelen tapsolnak,
Holnap majd újra sorba állnak,
De nem tudják, mindezt hiába:
Az artista kést szúrt a bohóc nyakába.

A bohóc már csak emlékként él,
A cirkuszban a műsor véget nem ér,
Mindig lesz újabb, ki artistákat
Hangzatos szavakkal megtámad.

És tapsolnak a nézők, nekik kell a cirkusz...

Újjászületés

Néha eljön a pillanat,
Mikor minden darabokban.
Az óra egyre lassabban jár,
Már nem is érzed, hogyha fáj.

A lépések egyre nehezebbek,
A napkelték már messze tűntek.
Lelked a halál táncát járja,
Legyen vége, csak ezt várja.

Amikor már lehunynád szemed,
Egy álomba vinne téged a végzet,
Valaki hozzád szól: Ember, ébredj!
A tavasz újjászületni hív téged.

Újra pezseg a vér ereidben,
Ismét hiszel a lehetetlenben.
Mint szabad madár fenn az égen,
Büszkén szállva tiéd az élet.

Téli álmodból végre felébredve,
Láncaidat magadról letépve
Újabb utakra indulsz, ez az életed:
Újjászületve vár téged a végtelen.

Nyári emlék

Az utolsó nyár mindig az első,
Emlékek törnek a mélyből.
Felnőttként is, mint gyermek
Utazunk tovább: ez az élet.

Volt, hogy beborult felettünk,
A színpad elől nem menekültünk,
Kitartottunk vad viharban is,
És vidáman ittunk egy sopronit.

Mikor már negyven fok árnyékban,
Túlélni csakis a Balatonban,
Egy fröccs még kint a parton,
A vízbe egy seggessel csapatom.

Esténként egy királylányka töltve,
Szabadság ízét a számban érzem,
Megesik, hogy a vonat késve érkezik,
A poharamban csak a víz, ami létezik.

Egy teraszon élő zenét hallgatva,
Sopronban hajnalban buszra várva,
Torockón a Gondűzőben italozva,
Vagy a minigolf Badacsonyban.

Mindig eltelik az az újabb nyár,
A pohárban szürkebarát vár,
Az utolsó nyár megint az első,
Az emlékeket nem mossa el az eső.

EIN HERZ FÜR AUTOREN A HEART FOR AUTHORS À L'ÉCOUTE DES AUTEURS MIA KAPΔIA ΓΙΑ ΣΥΓΓΡΑ
FÖR FÖRFATTARE UN CORAZÓN POR LOS AUTORES YAZARLARIMIZA GÖNÜL VERELIM SZÍVÜ
PER AUTORI ET HJERTE FOR FORFATTERE EEN HART VOOR SCHRIJVERS TEMOS OS AUTOR
ZÖINKÉRT SERCE DLA AUTORÓW EIN HERZ FÜR AUTOREN A HEART FOR AUTHORS À L'ÉCOUTE
ВСЕЙ ДУШОЙ К АВТОРАМ ETT HJÄRTA FÖR FÖRFATTARE Á LA ESCUCHA DE LOS AUTORE
MIA KAPΔIÁ ΓΙΑ ΣΥΓΓΡΑΦΕΙΣ UN CUORE PER AUTORI ET HJERTE FOR FORFATTERE EEN HA
SZERZŐINKÉRT SERCE DLA AUTORÓW EIN HERZ FÜR
CORAÇÃO ВСЕЙ ДУШОЙ К АВТОРАМ ETT HJÄRTA FÖR

A szerző

Péli Gábor Kiskunhalason született 1986. május
7-én. A gimnáziumi érettségit követően a MÁV-
START Zrt.-nél dolgozott jegypénztárosként,
azután árufeltöltő-pénztárosként helyezkedett
el, jelenleg Magyar Posta Zrt.-nél kézbesítő.
Nőtlen, gyermeke nincs. Kedvenc időtöltése a
koncertlátogatás, az írás és a túrázás. 1993-ban
vett részt először túrán, onnantól az élete részévé
vált ez a sport. Öt éve teljesítménytúrázik. Néhány
éve kezdett hobbiból verseket írni, amelyek közül
néhány most könyv formájában is megjelenik.

A kiadó

Aki feladja,
hogy jobbá váljon,
feladta,
hogy jobb legyen!

E mottó alapján a novum publishing kiadó célja
az új kéziratok felkutatása, megjelentetése,
és szerzőik hosszútávú segítése. Az 1997-ben
alapított, többszörösen kitüntetett kiadó az egyik
legjelentősebb, újdonsült szerzőkre specializálódott
kiadónak számít többek között Ausztriában,
Németországban és Svájcban.

Valamennyi új kézirat rövid időn belül egy
ingyenes, kötelezettségek nélküli kiadói
véleményezésen esik át.

További információkat a kiadóról és
a könyvekről az alábbi oldalon talál:

www.novumpublishing.hu